Du même auteur :

1) LA GRANDE PALABRE. Editions EDILIVRE APARIS, Juin 2010. N° ISBN : 978-2-8121-3471-5 (Théâtre) 56 pages.

2) ENCRE NOIRE ET PLUME BLANCHE. Editions EDILIVRE APARIS, Juin 2010. N° ISBN : 978-2-8121-3547-7 (Poésie) 106 pages

3) Mon cœur et mes amours oniriques. Editions EDILIVRE APARIS, Août 2010. N° ISBN : 978-2-8121-3721-1 (Nouvelles) 68 pages.

4) TAM- TAM ET CHANT POETIQUE. Editions EDILIVRE APARIS, Août 2010. N° ISBN : 978-2-8121-4100-3 (Poésie) 66 pages.

5) RIMES D'ENFANT. Editions BoD, Août 2010. N° ISBN : 978-2-8106-1960-3 (Poésie) 28 pages.

6) HYBRIDE ROMANCE et La complainte de la vierge souillée. Editions BoD, Août 2010. N° ISBN: 978-2-8106-1988-7 (Théâtre) 24 pages

7) EXALTATIONS ET LAMENTATIONS. Editions BoD, Septembre 2010. N° ISBN : 978-2-8106-1904-7 (Poésie) 52 pages.

8) A FLEUR DE TEMPS. Editions Baudelaire, Septembre 2010. N° ISBN : 978-2-35508-600-7 (Poésie) 74 pages.

9) UNE ETOILE DE PLUS « Serge Abess ». Editions BoD, Juillet 2011. N° ISBN : 978-2-8106-1991-7 (Biographie) 106 pages.

10) BLESSURE ET BRISURE DE VIE. Editions BoD, Juillet 2011. N° ISBN : 978-2-8106-1359-5 (Poésie) 72 pages.

11) ECLATS LYRIQUES. Editions BoD, Juillet 2011. N° ISBN : 978-2-8106-2150-7 (Poésie) 180 pages.

12) LETTRES PARNASSIENNES. Co auteur Rodrigue Makaya Makaya, Editions BoD, Janvier 2012. N° ISBN : 978-2-8106-2214-6 (Poésie) 72 pages.

13) LA LAGUNE PERDUE. Editions BoD, Février 2012. N° ISBN : 978-2-8106-2454-6 (Poésie) 56 pages.

14) LA BRUNE DES GENIES. Editions BoD, Mars 2012. N° ISBN : 978-2-8106-2476-8 (Roman) 88 pages.

15) EFFLUVE DE LYS ET MELANCOLIE. Co auteur Melissa KOMBILA, Editions BoD, Juin 2012. N° ISBN: 978-2-8106-2422-5 (Poésie) 64 pages.

© 2012, Kombila
Edition : BoD - Books on Demand
12/14 rond-point des Champs Elysées
75008 Paris
Imprimé par Books on Demand GmbH, Norderstedt, Allemagne
ISBN : 9782810625468
Dépôt légal : août 2012

FLEURS DES IDYLLES FANEES…

Jannys KOMBILA

FLEURS DES IDYLLES FANEES

A toi… Marguerite CHELERS.

« A ces fleurettes accompagnant nos vies,
s'épanouissant en soleil de beauté sur les jardins
de nos ambitions… émoi de femmes illuminant
la caresse matutinale des velléités
inachevées… Voilà qu'éclosent de nouveau, les
fleurs des idylles fanées. »

Jannys KOMBILA

Préface.

La femme dans sa dimension plurielle, a marqué l'histoire et ces visages de femmes amazones ou fatales traversent ce recueil de poèmes. Les textes retenus dans ce livre épousent les formes de la correspondance. Le genre féminin, apparaît dans les lignes qui vont suivre, écrites à l'encre des sentiments roses et noirs de Jannys Kombila, comme une partition parfois douce, tendre, aimante et souvent inaccessible dans toute la profondeur de ses dimensions : physiques, morales, intellectuelles et spirituelles.

Sous la forme d'hymne ou d'ode à l'amour et à ses travers, le poète peint avec une certaine majesté doublée d'une lueur de " tragédie et de fatalisme », les difficiles conditions qu'impose le fait de croquer la vie à belles dents. En quête d'ataraxie, le constat que l'on fait dans cet univers de « ... FLEURS DES IDYLLES FANEES », c'est l'impossibilité d'une satisfaction perpétuelle, celle de " toujours ".

Ces poèmes subliment non seulement la beauté de l'être aimé, mais aussi sa capacité à être à la fois douceur et bourreau. Les femmes incarnent parfois de belles images, intelligentes, flatteuses qui se détériorent au fil du temps et se transforment en des panoramas de ruses, de ruines, d'"amante-menthe religieuse".

L'une des figures nommée, Adriana, est une « rose bucolique trouvée à l'entrée du cœur » d'un poète épris d'un amour associant admiration et jérémiades.

Les thèmes de la jouissance passagère, des regrets continus « Comment je n'ai pas pu te garder à mes côtés, Comment je n'ai pas su te parler sans t'alarmer… », et des éphémères satisfactions, remplissent de cruauté et de sarcasmes, le carnet expressif qui accompagne le difficile métier de vivre des sujets poétisés. Ils s'égrènent comme d'atroces rengaines de l'insoluble misère des cœurs, bercé en toile de fond par un ardent désir de revivre un beau passé perdu et un avenir à la saveur amère.

Refusant fermement d' « embraser le feu de l'éternité » d'une union hors-la-loi, défiant les drapeaux blancs et immaculés de l'envie d'être soi-même et de vivre en suivant le rythme des cliquetis de son épanchement, le poète se dévoile non comme un être résigné, mais comme un être susceptible de se dépasser et de comprendre que son monde comme celui des autres, vire irréversiblement dans une variété de couleurs infinies, synonymes de déception, d'allégresse et de rancœur.

La somme de ces poèmes épistolaires se retrouve dans un balai classique ou l'harmonie se donne à voir dans l'association des contrastes : celle d'odeurs fétides de la déception et de la trahison, opposée à la saveur du miel de l'impérieuse jouissance, procurée par le contentement d'un désir profond, longtemps éprouvé, mais pas complètement satisfait.

Ces lettres, adressées à des femmes, sont des nœuds d'introspection fixés par les frustrations incestueuses et pénalisantes d'un sujet écrivant, affaibli, torturé par les sarcasmes, les dérisions, les insupportables ironies de son sort, qu'il crache dans une correspondance significative et résolument tournée vers une improbable révolte positive. Ces mots qui traduisent les miasmes d'une âme en quête de plénitude, livrent au lecteur une écriture forte, teintée de classicisme, d'un lyrisme profond et morose qui augure un avenir prometteur à cet auteur prolifique.

Annie Charnet Mpenga
Dr Linguistique, Phoné (analyse du discours).
Cercy-La-Tour, Le 17 Août 2012

Entrons dans ce jardin, effleurer des yeux, l'éclat d'auréole de ces fleurs, coruscant au firmament de nos sentiments enfouis dans les méandres du temps qui passe, s'efface en murmure de larme…sans arme d'espérance, marchant à pas d'errance sur les mélodies des mélancolies qui dorment et ornent nos vies…
A chaque fleur, un amour, une amourette, une idylle, une passade, une aventure, une bluette…

A toi fleur d'Aubépine, fleur d'Asphodèle, fleur d'Azalée, fleur d'Ancolie, fleur d'Acacia, fleur de Bégonia, fleur de Camélia, fleur de Cyclamen, fleur de Cytise, fleur de Dahlia, fleur d'Eglantine, fleur de Freesia, fleur de Glaïeul, fleur de Giroflée, fleur d'Hélénie, fleur d'Hélianthe, fleur d'Hysope, fleur d'Ipomée, mon fleur d'Iris, fleur d'Ixia, fleur de Jacinthe, fleur de Jusquiame, fleur de Lobélie, fleur de Lychnis, fleur de Magnolia, fleur de Mélisse, fleur de Myosotis, fleur d'Œillet diapré, fleur d'Oxalide, fleur de Passiflore, fleur de Pimpanelle, fleur de Réséda, fleur de Thuya, fleur de Tradescantia, fleur de Vespérine, fleur de Zephyranthe, fleur de Zinnia…

A ADRIANA…

Fleur de Rose bucolique
J'ai trouvé à l'entrée de mon cœur
Cette larme de toi oubliée naguère
Suspendue à l'encre de mes regrets
Comme le temps est passé si vite
Comme l'amour s'en est allé
Récriminer l'horloge des espérances
De mes idylles rocambolesques
Ma vie sans toi est un
Long ballet de cygnes
Dansant en cycle infini
Sur les cyclones fugitifs
Attendant à la brune que
La vie me fasse signe
O temps emporte mes dernières rainures
Longtemps j'ai marché sans jamais lever
Le regard vers cet autre horizon tinctorial
Où s'illuminaient les amourettes admirables
J'ai trop de souvenirs en étoiles mordorées
J'ai trop de fantômes en songe décoloré
J'ai trop de douleurs en tourment péroré
Tes yeux d'ange hantant mon âme esseulée

O mon amour le chagrin m'a révélé
Les hayons de notre destin interrompu
Les réverbères vieillis restés éclairés
Et la nuit allant et venant me bramer
Dans l'esprit en crin de désespoir
Ton beau et chaleureux prénom
Adriana, ma rose bucolique
Te voilà loin de mes nuits cinoques
Lissant tes paupières ravissantes
Touchant ta noire chevelure violine
Et moi, moi me perdant
Dans cette douce liqueur
A l'effluve enchanteur me délivrant
J'ai été l'asservi volontaire sans ivresse
A tes pieds je voudrais me détrôner
Et rendre à ta douceur le diadème de ta beauté…

A MYRIL…

Fleur d'Anémone
Comme des amants
Flânant en chantant
Les prunelles enchantées
Aux noces de baisers volés
Nous nous sommes aimés
Sans embraser le feu d'éternité
Amant, amour, bruissant au jour
Nous vivions un rêve charmant
Chamarré d'arômes inouïs
Sur les rivières de vie en flûte d'amour
Des nuits de désirs en luth de cours
Et le jour s'éveillant
Et les tambours dansant
Mes sentiments amblyopes
Spectrant les éthers
Pleurant l'interdit amour
Sur les mouchoirs de brumes
A toi, je voudrais m'adonner
Témoigner de mes émotions
Comme ces soirs amidonnés
Au parfum de tes seins consacrés

Amant, amour vivant au jour…
Pourquoi ce versant
En lune écarlate
Eclairant mes sensations
De toi, ineffables
Flammerole engeôlée
libère-toi de tes tisons
Enflamme mon cœur auréolé
Encensé sur la cendre flapie
Amant, amour, luisant au jour…
Cristalline fleurette
M'invitant à la félonie
Sommes- nous condamnés
A nous cacher loin des prés
Et faire faner nos folles velléités
Comme ces edelweiss rembrunis
S'abritant à l'ombre des amours celées…

A ASTRIEL…

Fleur de Freesia

Il m'a fallu toutes ces années décaties
Pour comprendre combien je t'aimais
Il m'a fallu toutes ces rencontres surannées
Pour comprendre combien je m'égarais
Comme il est impossible de tout rattraper
Comme il m'est impossible de tout confesser
Me voilà face contre cœur le visage atterré
Me déchirant les émotions à cris désemparés
Comment je n'ai pas pu te garder à mes côtés
Comment je n'ai pas su te parler sans t'alarmer
Ma mélancolie est aussi profonde
Que cette ritournelle
Me rappelant notre premier baiser
En refrain de timidité
Je veux un dernier baiser pour revenir
Je veux un énième baiser pour me guérir
Ma belle colombe des ogives inaltérées
Eclaire mes dernières pluies de résipiscence
La vie m'emporte loin vers
Les tranchées des trépassés
Et chaque jour qui cavalcade

Entraine avec lui
Un peu de moi, mourant
Expirant à sable écoulé
Sur les rives esseulées
Je t'aime trop pour me laisser souffrir
Je t'aime trop pour te laisser à lui à jamais
Si tu ne peux pardonner à mes actes coupables
Pardonne à mon cœur, de toi longtemps affable
Les nuits me peignent ton visage en vitrail
Quand, à l'aurore chanté s'éteignent mes rêves
Je veux un dernier baiser pour revenir
Je veux un énième baiser pour me guérir
Où chercher les cendres sublimées de ton sourire
Ces photos de nous, préservées comme un trésor
Inestimable nous dévoilant des doux souvenirs
J'ai eu tort de partir de tout lâcher de tout gâter
A présent je voudrais tout réunir pour te séduire
Il est peut être tard de rallumer
Cette belle escarbille
Mais avant que le chagrin me dise
Un dernier cantique
Dans ta main je voudrais écrire
Que c'est toi seule que
J'ai aimé…

A FERDULICE…

Fleur d'Œillet diapré
Hélianthe de mes nuits constellées
Je suis comme contusionné
Par cette brouillasse
D'une étrangéité impromptue
Voilà qu'à l'aurore abrasée
Je me réveille sur ta missive
Encore empreint de ta suavité
À la fragrance de roses opalines
Ces éternels fleurons fluets
Séduisant mon émotion de toi
En ivresse de tendresse
Et ce pandémonium de douleur
Précipitant mon cœur désemparé
Et cet aquarium de couleur où
S'illusionnaient mes sentiments
Parsemés dans l'onde ravivée
De cet amour désormais incestueux
Toi mon cœur à présent sœur
Moi ta flamme à présent blâme
Comme le destin blessé, se cache
Pour panser sa douce trahison

Comme l'amour heurté se tait
Pour oublier ses promesses confiées aux étoiles
Si je suis le frère, alors jette- moi une pierre
Sur mes sentiments à la diaprure de ton visage
Mais si je suis l'élu, alors chante
À ton cœur alarmé, la douce romance
Des amourettes interdites
Entends-tu cet air qui masturbe ma fermeté ?
C'est le Mvett qui me conte le dernier combat
des guerriers Engong. O mon amour
Jusqu'au bout et pour toi je mourrai à l'affront
Mais dans ce coma sentimental, mon Ode
J'entends depuis l'outre-tombe la voix d'Eyo…
Dis- toi que le bonheur volant
Sur les ailes de l'ataraxie
Nous conduira à l'infinie île des rêves
Dis-toi que sur tes lippes de naïade j'ai gravé
À l'encre de salive mon intime
Estime en lime d'hymne
Dis-toi que devant toutes les adversités
Il n'y aura que ton sourire
Qui illuminera ma destinée
Si je suis ton frère le jour
La nuit soit mon amour…

A OLIVIA…

Fleur d'Oxalide
Mon cœur prisonnier opiniâtre
De cet éclat en noce de sourire
Sonne le glas des bluettes d'été
Je me fais sherpa conduisant
Mon émotion enjouée vers
L'azur auréolé de ta timidité
En note réservée…
Toi la beauté flamme macassar
Toi la beauté âme
Murmurant aux blizzards
Viens à mes pensées
Détruire ces insensés tourments
Mon olive ravie, à jamais
Me voilà séduit…Si je marche vers toi
Le regard prisé et que mes yeux
Dans l'obscur nuage de sensation
En ritournelle de désir me chantonnent
Ta douceur séraphique
Comment ne pas effleurer
De mon impéritie adresse
Tes lèvres sirupeuses
Salvatrices au péché d'aménité
M'invitant sans gage
A m'évanouir de tendresse

Et goûter à l'extrême passion
L'onde de ton corps mirifique
Qui conduit au véritable
Bonheur sempiternel…
Je veux être ton élan
Prétendre renaître en élu
Contempler ensemble
 La vallée des rêves
Où sommeillent nos
Concupiscences brèves
Quand dansent en nocturne
Les âmes enjôlées
Mais cache à mon
Humble inclination
Ta sensualité à l'orgasme envolé
Car à toi je voudrais m'apposer
Et effacer sans brume de chagrin
Les crayeuses blessures
Des naguères félonies.

A ROSIRA…

Fleur de Magnolia
Voici qu'au seuil
Des portes cyclopéennes
De ton charme
Mon cœur en écueil
Se fond d'amour pour toi
O dôme, c'est à genou
Que je voudrais confesser
Mes sentiments d'elle
 Loin du châtiment de
L'infidèle mal d'amour
Que je porte en tache comme
Cette marque indélébile
Dans son regard
Qui me fait flamme
Me suis-je dit en souriant
Devant mon reflet cette nuit
À la lueur pervenche, que
Mes lèvres en mansuétude
De tendresse trouveront
Réconfort auprès des tiennes
Longtemps amignonnées
Et si tu me parlais sans
Psaltérion de détour
Asseoir tes émotions fébriles

Près de ma chaleur en
Embrasure d'envie
Me murmurer en
Jérémiades de bonheur
Ton assouvissement comblé
Voilà que je pense à toi
En ayant le cœur en émoi
Le soir arrive te
Prendre pour amante
Et moi loin de toi j'ai
L'âme qui se lamente
Aime- moi sans taire
Toutes tes pensées chamarrées
Ma plume est pleine
De sentiments énamourés…

A EDNA MARYSCA…

Fleur de Bégonia
C'est après le silence
De cet amour chimérique
Que j'ai laissé faméliques
 Mes sentiments de toi
Efflanqués et moroses
Le vent de la Bretagne
S'éloigne vers les monts
Et le soleil des plages
Dépeuplées chante l'ennui
Appelle- moi alizé ou zéphyr
Près des ondées je m'épanouis
Mon existence a un peu de
Ton parfum des rives d'euglènes
C'est en voyant ces goélands argentés
Voltiger en cadence d'errance
Que j'ai suspendu mon regard
Pour contempler le ciel blessé
Et ces larmes d'espérance qui
Ne tombent qu'au coucher de soleil
Et cet horizon caché qui ne se dévoile
Qu'aux amoureux immaculés

Ma brise du nord
Prends- moi dans tes pensées
Mes bras sont si loin de toi
Et ma voix te suppliant de
M'aimer encore se perd quand
Monte la marée qui nous éloigne…
Mais dis- moi si nonobstant
Ta robe laiteuse trainant en toison
Ton bouquet de tulipes et de lilas
Tu m'attendras là, assise sur ce récif
L'âme irradiante le visage attentif
Caressant les pétioles des fleurettes
En étiolant la sinuosité de tes doigts
Froufroutant au chant en chœur
De l'écume promise des océans noirs.
J'arrive bel amour par vent par mer
Sans élytres sans périssoire
Revivifier la flamme morte de ton cœur
Et repeindre de mille carnations
La toile mirobolante des folies
Des vieilles liaisons impérissables.

A MARINA...

Fleur d'Eglantine
Voilà que j'entends en écho
L'aube chant de notre amour
C'est par ce timide baiser
Que j'ai su que je t'aimais
C'est par cet humide échange
Que j'ai su que je te perdrais
Longtemps j'ai attendu te dire
Combien je t'estimais et
Ma patience de te voir mienne
Sentant se finir les jours d'Ecole
Couchés sur l'herbette
Les visages en soleil de passion
L'amour se voilant en décision
Et mon envie trop grande
De sentir journellement
L'arôme discret de ton sourire
Douce émotion plus belle que
Les étoiles d'amour luisant
En vœux de constellation
Qu'ai-je fait pour démériter
Mes nuits me reprochent ton absence

Quand, à la brunante
Le silence tourmente mon âme
Je te cherche dans ma vie
Je te pleure près de l'envie
Et dire que tu me voulais
Homme charmant plein
De dextérité sonnant aux
Rêves de nous émouvoir
Après les tempêtes de trahisons
Et dire que je te voulais
Femme adorable à la tendresse
Irréprochable embrasant
Notre destinée sans lame de larme
Seul je me remémore sous l'ombre
Des aspirations consumées
J'ai tout de même sauvegardé
La foi des baisers manqués
J'ai tout de même préservé
La joie de ce moment précieux
Où comme un angelot je te regardais
Dormir sans étreindre tes sourds désirs
O ma belle mandoline !
Je n'entends plus le chant enchanté
De notre amour dissimulé…

A MUETSE- DESTINEE…

Fleur de Camélia
Petite douceur vespérale
A ton cœur j'adresse cette
Délicatesse note particulière
Par mes sentiments toujours
De toi en guirlande de frénésie
Dis- à notre amour que le jour
Nous a unis sous les beautés
Lumineuses des coups de foudre
Dis- à notre amour que la pluie
A scellé notre union sous la volupté
Chaleur de nos corps ôtés embrasés
Dis- à notre amour que le silence
Des nuits de saisons anhydrides
A conforté notre folle passion
Tu m'as offert en hymne d'estime
Ton innocence dans cette nuit béate
M'ouvrant à l'exaltation et tendresse
De ce trop pressant caprice et vice
Les oiseaux au midi des airs en refrain
Ont apporté un peu de leur féerie
Je suis parti loin de toi un matin

Cachant ma tristesse des lendemains
Et toi le regard désemparé et effaré
Cherchant mes baisers fleurés
Sur tes vêtements maculés de bonheur
Tu pleurais à larmes guindées
Murmurant à ton cœur esseulé
Que tu m'aimais trop
Pour me laisser partir
Sans me retenir
Que tu m'aimais trop
Pour espérer oublier nos instants
Nos récents échanges étranges
Nos désirs déclamés
Nos promesses proclamées
Mais ta complainte en orémus
A ressuscité notre amour
Hier encore en meurtrissure
Me revoilà près de toi
Si loin mais présent
A chaque pensée matutinale
À chaque nuit féale…
Jamais je n'ai cessé de t'aimer
Ma petite douceur vespérale…

A ORNELLA…

Fleur d'Asphodèle
Bruine frisquette
C'est le temps qui a
Triomphé de notre tocade
Et le soleil, couchant ses
Derniers serments carmin
A trompé mon cœur patient
De ce versant à l'eau de rose
Comme il est étrange d'aimer
Comme il est méfiant de céder
Son existence entière à un être
Pourtant cher, et souvent fière
Que de nostalgies juchées
Aux foliations de mes sentiments
Que de flambées dévorant
Les souvenirs de nos émotions
En regards vaporeux et taraudés
Pourquoi m'avoir lambiné
Pourquoi ce brasillement leurre
Ayant bercé mes rêves refoulés
J'ai conquis ton affection fidèle
Me croyant à jamais bénir tes lèvres

De ces fièvres de nuits dévorant
Mon âme entière moissonnée
A présent délivre- moi de ce lien
Je voudrais sans me retourner
Partir, croire à d'autres amours
Voir d'autres visages rutilants
Et trouver enfin, peut être une
Autre partie de toi m'attendant
En noir et blanc sur ce chemin
Des dernières rencontres de destin…

A ANNIE CHARNET…

Fleur de Cyclamen
Brasiller sous l'air du temps
S'effacer en ton de murmure
Applaudir ses angoisses craquelées
Agoniser près des silences de chois
L'amour me chante le requiem des rêves
Et toutes les saisons qui ont aimé
Ont enterré loin des liaisons pastorales
Les douleurs des trahisons désirées
Etrange corindon mon éclat de curiosité
Diamant aimant, soleil levant
C'est à ton âme que je céderai ma vie
Comme à toi j'ai offert mon cœur
Vers toi je m'éteins tout doucement
Tout fièrement livrant une ultime mêlée
Aux amours de fugitifs jours
Aux vautours des déserts bonheurs
Sonne avant moi les jacquemarts
Des destins couronnés fourvoyés
Cette vie je l'ai crayonnée en abstrait
De l'almandin pour les blessures d'amour
De l'opalin en dégradé pour mon âme
De l'ocre jaune pour les rêves attendris
Du bleu pour ton sourire à l'azur désir
Du verdoyant pour oublier la solitude

Du noir pour exprimer
Mes blêmes tourments…
Retiens de moi
La clameur
Des douceurs
Au crépuscule voyage
Des sigisbées
Quand, à l'aube déclin
S'éveille l'âpre envie
De dire à ton corps combien
Il m'a été chair.

A CHARLINE…

Fleur de Giroflée
Caresse tabloïd
C'est à tes lèvres que
Je voudrais témoigner
Par un radieux baiser
Cet amour cabriolé bariolé
Ce sont ces matinées lunées
Qui ont ensemencé nos émois
Ces yeux aux friselis de fouet
Apprivoisant mon enchantement
Consumant ma fermeté inhibée
Dans ton océan de tendresse
Je me suis fait naufrager
Et mon cœur basculant
Et ta beauté bistrée me noyant
Sous ton charme aux rayons bleuis
J'ai éteins tous les réverbères
Qui ont gardé en mémoire
Nos étreintes émoustillées…
Je voudrais m'élaguer
Débrider toutes mes pulsions de toi
Une dernière fois te faire l'amour
En songe de lapalissade
Sur cette ruelle tachée d'opacité

Seuls cheminant
Sous ce frimas rieur
L'estime nous approuvant
Amèrement
Comptant les interdites enjôles
Et cette montre
À ton attache
Te rappelant que
Tu n'étais pas mienne…

A NADIA…

Fleur de Glaïeul
Belle perle satinée
Laisse- moi partir
Pour mieux revenir
Laisse- moi affleurer
Ton visage pour mieux
Me souvenir de ta peine
Le soleil a perdu
Ses larmes de nostalgie
Il se cache du jour et
De l'amour des femmes
Laisse- moi t'abandonner
Là-bas je retrouverai
Tous les désirs que j'ai
Pas pu dévoiler à ton caprice
C'est la monotonie
Des saisons sans mélodie
C'est l'hiver
Sans flot de neige
C'est le parfum de
Ton corps évaporé
C'est le silence de
Nos nuits sourdes
C'est mon regard
Sans ciel de fantasme

Mon trésor…
Ici, tout me perd
Les sourires des arbres
Les humeurs blêmes des passades
Le chant des cochevis
Les tambours des cultures d'ailleurs
Laisse- moi partir
Pour mieux penser à toi
Laisse- moi guérir
De la vie cette maladie étrange…

A GLADIA…

Fleur de Myosotis
Amour sincère
Je viens sans voile
De pèlerin confesser
Mon impulsion félonne
Comme les âges s'effacent
En solennité de voyage
Sur ton visage de fille Mpongwè
J'ai inhumé ma folle passion
Cet inhumain récital d'adieu
Me dévorant l'âme absoute
Longtemps j'ai gardé mes rêves
De toi en nuit dévorée en lune dorée
Brulant l'univers doline
Ce cœur trop aimant de
Cet amour trop enchantant
Ce sont mes prières en foi d'hiver
Qui ont préservé mes pensées
Ces émotions de ces premiers regards
Molletonnés cheminant timidement
Révérer ta douce beauté de nimbe
Fleur d'inquiétude…
Mon souvenir est hymne de fidélité
Sur ces rapières de vie
Nos cœurs se sont désunis

Comme l'espérance au printemps
J'ai attendu qu'éclosent de nouveau
Nos sentiments sur ce jardin ensoleillé
Et les affabilités renaissantes
Et les présents en tendresse de sincérité
Ton estime se redéfinissant
Mon amour s'épanouissant sous
Les présages des naguères visages
De péronnelles, de moi, entichées
Aube interdite voici que se lève
Les amours entachées exécrées
Je t'ai aimé et voilà qu'une autre
Féconde ma semence
Fruit de ces idylles cachées
Quand s'égare l'amour bonheur…

A PULCHERIE…

Fleur de Passiflore
Trois années se sont écoulées
Les vieilles branches des arbres
Calcinés sont devenues cendres
Comme ces photos de toi à
Mon chevet désormais fioritures
Les bonheurs d'hier ont muri
Mon regard des amitiés volages
Près de ta cordialité je dépose
Des chrysanthèmes blancs
Pour te témoigner un amour
D'égard aux passions enivrées
Que les rires des instants émus
S'envolent vers les marais esseulés
L'amour est-ce cette beauté obvie
Couchant au soir illuminé
Sur les flots ensorcelés
S'énamourant des hommes maudits
Se noyant en âme volontaire
Que regrettes- tu de moi…
Ces nuits en lecture de poésie
Sous la brise des baisers brisés
Qu'as- tu gardé de moi…
Cet enfer de félicité au périple de vie
Cet écart d'âge blessant ta virginité
Cette aube chantant l'amour réincarné

Tout est monotone à présent
Même l'automne s'étonne du soleil
Qui rayonne à la brunante endormie
Mes jours enjoués je te les dois
S'il te reste encore un peu d'amour
Pour moi, dis- le au vent
A l'approche du printemps
J'attendrais que renaissent
Les corolles de notre amour
Près des prés abandonnés où
Seul, je marche pour consoler
Mon douloureux chagrin…

A ISIS…

Fleur de Pervenche opaline
L'aurore a chanté
Sur nos lèvres promises
Après que les années
De silence ont témoigné
De notre attache sans
Tragédie de rengaine
Tu es réapparue dans
Ma vie en spectre réel
Pénétrant les ombres
Pourpres de mes pensées
Enveloppant d'un linceul
Lactescent mon cœur épris
Fou, emporté, grisé
Possédé par cet amour aux
Mille carnations chthoniennes
Cette nuit je t'ai aimé
Plus que la vie ne m'a donné
Cette nuit tu m'as enlacé
Plus que le bonheur soupiré
Comment me suis-je racorni
Au phrasé de ton haleine
M'invitant à séduire ton
Intimité fébrile à la lueur nue
Sentant l'arôme des
Éternelles tentations charnelles

Mon regard s'offrant à
La gerçure de ton incertitude
Ma bouche cachant au
clair- obscur ton sein bistré
Et l'envie me susurrant
À ton corps m'immolant
Fallait- il nous donner cœur
En chœur de pulsions
Fallait- il nous délivrer
De nos gisantes anxiétés
Dans ces yeux dévots en
Lumière d'enchantement
Fallait- il que les rêves pleurent
Sur la sincérité réciproque de
Nos sentiments en rivière de folie
C'est à jamais que nous
Nous sommes ancrés
Sur les affales de l'existence
Quand les amours meurent et
Notre histoire toujours survit
De là, où tu es, je le sais…
Mais dis- le moi quand même
Car, là, où je suis tu sais que
Je ne pense qu'à toi…

A ARCHANGE…

Fleur d'Ancolie
Te quitter pour une autre
Comment y ai- je pensé
Partir et me taire en voile
Sur nos ardeurs effrénées
Comment me le pardonner
C'est triste les remords
C'est terne les jours sans toi
J'ai écrit ton pseudonyme
Sur les ardoises brisées des idylles
Archange cyclopéenne douceur
J'irai cueillir les pétales des cœurs
Un soupir en cistre d'émotion
Ton sourire en caresse d'amour
Pourtant mes larmes ont pensé
A tous les chemins outrepassés
Que nous avions peint en mauve
Pour exprimer les petits bonheurs
Qui nous viennent en soleil d'or
Sur les grands murets noirs
De notre pondéreuse existence
Cheminer sans amour certain
Aimer sans sentiments féaux

J'ai peur des lendemains blêmes
Qui crachent sur le visage du destin
C'est vers tes rêves que je voudrais
Me reconvertir en affectionné ami
Dire à ton cœur déjà si loin
Que les amours s'effacent
Mais l'attachement demeure
Vois- tu, pardonner je crois
Est synonyme d'aimer …
Oui, ma fleur d'Ancolie
Loin de toi, tout est mélancolie
C'est vers les horizons fanés
Que se couchent les belles saisons
Je t'ai tant aimé pour ne pas
Espérer mourir heureux
Si le paradis est comme tes yeux
Je sais, à présent qu'aucune fleur
Sur terre n'est pareille à ta beauté…
J'ai besoin de toi à mes côtés
Pour chanter les romances de la vie.

A CHARNIE…

Fleur de Vespérine
Te dire après cette rupture rustre
Que mes pensées sont encore repues
De ta chaleur dans ces jours enjoués
Te savoir toujours amoureuse
Sachant que je t'ai quitté sans lumière
De raison sous l'ombre des ternes saisons
Le regard taché en robe de chagrin
Toi qui savais me sourire quand
L'amour me dévisageait en rancœur
Tu me disais que notre amour
Souffrirait des silences des lendemains
Comme ces nuits passées où se taisaient
Nos envies en caresse de froideur
Tu me disais connaître mes rêves
A l'heure où s'évadait ma tendresse
J'ai été fou de cacher le soleil
A ton cœur qui ne demandait
Qu'à croire à cette belle idylle
C'est mal de t'avoir dit de rester
En murmure de sentiments d'illusion

Me souviens-je de nos émois partagés
Ta douceur m'enveloppant en sureté
Seul mon corps a gardé ces étincelles
Brûlant encore aux lueurs sombres
Mon inassouvissement dévoilé…
Aux éternels voyages de nostalgies
Quand les larmes ôtent les images de joie
Quand s'éteint l'espoir après l'âpre peine
Quand volent les airs de culpabilité
L'amour nous tient la main
Marchant vers les ultimes clémences
J'ai appris à t'aimer au périple des attraits
A présent c'est sans horloge que je t'attendrais.

A REVE…

Fleur de Tradescantia
J'ai béni les astres au
Soir de notre rencontre
Ce diadème chatoyant
Cristallisant mon regard
Ton charme me douchant
Tel deux océans au-dessus
De mon cœur submergé
Ineffables étaient tes yeux
Et tes lèvres divinatoires
M'arrachaient aux limbes
A l'heure où les âmes entichées
S'immolent pour fuir les passions
Qu'as-tu fait à mon cœur
Qu'as-tu dit à mes pensées
Lune de beauté effluve de paradis
J'ai péché par amour pour toi
Offensant ma continence
Sur les brisants de ta candeur
Je me suis fait enchanteur

Mais que de lumière de bonheur
Rayonnant sur mon visage oint
A l'espérance j'écrirai notre bluette
Pour que reviennent ces petites
Etoiles qui ont tant illuminé ma vie
Tu restes celle qui a dit oui à toutes
Mes nuits en acceptant une ultime fois
De faire corps à mon insatiabilité…

A JUSTINE…

Fleur de Sycomore
Et si on s'aimait
Sans lire tous les présages
Et si on s'aimait
Sans dire nos âges
Vivre en harmonie
Sur des ailes du bonheur
Comprendre et accepter
Les plaies cicatrisées
Des vieilles amours
S'aimer à tout attrait
S'aimer à tout souhait
Danser sur le feu de l'onde
Chanter sous les regards clos
Oublier les remords, les torts
Les éclipses de trahisons
Qui nous pèsent dans l'âme
Comme des tombeaux fleurés
Et si on s'aimait
Loin des mers troubles
Loin des guerres fourbes

Partir vers les amours sybarites
Des rêves abandonnés
Partir sur la rocade dépeuplée
Sur les ambitions anoblies
Partir et s'aimer en se disant que
Lorsque se couchera le soleil
Notre amour se lèvera…

A BESSORA…

Fleur de Zinnia
Je reviendrai vers toi
Au potron-minet
Quand les fantômes
Des amours obsédées
Mourront enfin sur
Les hypogées embrasés
Je reviendrai vers toi
Après l'envie
Après les cris
Après les douleurs
Des blessures concaves
Qui ont résisté au temps
Et aux pensées insoumises
Je reviendrai vers toi
M'éblouir des visages changés
Des paysages retrouvés
Des rengaines aimées
Des rivières possédées
Je reviendrai sans rien
Sans lien, sans les miens

Embrasser ton alacrité
Arroser les larmes de félicité
Je reviendrai sans doute
Imparfait mais honnête
Différent mais affectueux
Ecoutant les rires allègres
Des arbres sifflant à la vie
Que le monde est triste et beau
Je reviendrai vers toi
Pour te dire que je resterai…

A ALICE…

Fleur de Rafflesia
Les fleurs des idylles ont fané
Les feuilles des petites
Trahisons sont tombées
Espérons- nous attendre
Que la morosité nous dévore
Chaque jour en éternité
Mourir sur les larmes du temps
Quand s'envolent à vie
Les sentiments du vent
A l'amour je sèmerai
Sur les éparses montagnes
Après que s'effacent
 Les grands orages blancs
A l'amitié j'apporterai les parfums
Enluminés des baisers pastoraux
Près des lueurs couchantes
Des regards aimants et fous

Les fleurs des vierges
Péronnelles ont tanné
Les feuilles des désaimés
Ont été écrêtées
Partirons- nous avant
Les feux d'angoisse
Au firmament s'éloignent
Les rossignols et…
Sur les fioles vidées
J'ai rempli un peu de
Nos souvenirs pour
Les printemps à venir
Ma Rafflesia, oublie
Les mélopées des rêves
Oublie l'air aphasique
Des nymphéas orphelins
Sur ce long chemin
Qui mène vers l'ailleurs
C'est ici que nous
Nous disons adieu…

A Toi cher lecteur…

Hier encore, j'ai relu toutes ces missives
Comprendre les maux qui me sonnaient
En mots comme des beffrois effarouchés
Ces oblongues psalmodies en rime d'estime
Comme le vent s'éloigne de mes chagrins
Fuyant d'assécher et d'écouter les larmes
De mes profonds tourments et serments
C'est à celle qui m'offrira des fleurs éternelles
Que je donnerais mon cœur en âme
J'ai peur de mes rêves car ils me détournent
De l'Amour et me rapprochent des amours
Mêmes mes yeux ont perdu la lumière
De mes émotions liminaires
Allons à présent chercher les fleurs perdues
Dans les jardins de mélancolie
Les lilas et les lys ont été arrachés…
J'attends le friselis qui me donnera
Le bonheur d'aimer sans pensées désaimées
J'attends en retour de cette toile d'émotion
confessée, juste trois mots d'Elle…

Pour faire écho à mes sentiments mâtinant en voilier solitaire vers l'île des anxiétés abandonnées…

Jannys KOMBILA